Markus Menzel   &   Dr. Lena Mazánek

WIR HABEN ÜBERLEBT

Eigentlich dachten wir, dass wir sterben

BOTSCHAFTEN AUS DEM JENSEITS

Originaltitel: WIR HABEN ÜBERLEBT - Eigentlich dachten wir, dass wir sterben
BOTSCHAFTEN AUS DEM JENSEITS

Copyright: Markus Menzel & Dr. Lena Mazánek

Covergestaltung: Markus Menzel & Dr. Lena Mazánek

Idee und Umsetzung: Markus Menzel & Dr. Lena Mazánek

1. Auflage 2023

An all die lieben Menschen auf dieser Erde,

an dich!

VORWORT

Botschaften der geistigen Welt

Sicherlich gibt es sehr viele Bücher über die Botschaften aus der geistigen Welt. Botschaften, die unsere Verstorbenen uns übergeben haben, sind immer mit Liebe umhüllt. Sie sind etwas Wunderbares und berühren uns tief in unserem Innersten. Wir haben in diesem Buch wichtige Botschaften der geistigen Welt für euch zusammengefasst.

Wir möchten sie an euch weitergeben, um euch zu zeigen, dass die Verstorbenen immer bei uns sind. Unsere Liebsten in der geistigen Welt möchten, dass wir glücklich sind und senden uns diese Mitteilungen, damit wir aus ihnen lernen können.

Die geistige Welt ist immer an unserer Seite und möchte uns damit einen Wegweiser für unser Leben geben. Sie möchte uns die Augen öffnen und unser Herz berühren.

In diesem Buch findet ihr die wichtigsten Botschaften aus der geistigen Welt, die wir in unserer jahrelangen Arbeit empfangen haben. Die Frage, ob es ein Leben nach dem Tod gibt, ist eine der größten Fragen der Menschheit. Wir aber können euch mit bestem Wissen und Gewissen und aus tiefstem Herzen bestätigen, dass es ein Leben nach dem Tod gibt und dass das irdische Ableben nicht das Ende ist. Wir hoffen sehr, dass diese Botschaften auch dein Herz berühren werden und du mit ihnen dein Leben aus einer anderen Perspektive betrachten kannst. Für uns sind diese Botschaften sehr wichtig, denn sie helfen uns, in dieser sehr hektischen Welt einen Fokus zu finden, ihn zu bewahren und uns Halt zu geben.

Lena & Markus

Gibt es Beweise für ein Leben nach dem Tod?

Das Konzept des Lebens nach dem irdischen Tod ist ein Thema, das seit Jahrhunderten diskutiert wird. Und es gibt viele verschiedene Überzeugungen darüber, was nach dem Tod passiert. Einige glauben an ein Leben nach dem Tod und dazu gehörst wahrscheinlich auch du, der du dieses Buch gekauft hast. Und wir gehören auch dazu und wir leben unsere Berufung als Jenseitsmedium und Jenseitsforscher aus, um genau dieses Wissen in die Welt zu bringen. Dies ist auch der Grund, warum wir uns entschieden haben, dieses Buch zu veröffentlichen. Wir möchten diese Botschaften gerne weitergeben, sodass sie nicht in Vergessenheit geraten.

Es gibt viele spirituelle, religiöse und kulturelle Überzeugungen, die das Konzept des Lebens nach dem Tod unterstützen. In den letzten Jahrzehnten haben jedoch auch einige wissenschaftliche Studien auf das Phänomen des Lebens nach dem Tod hingedeutet.

Einige dieser Studien befassen sich mit Nahtoderfahrungen, bei denen Personen, die klinisch tot waren, später berichteten, dass sie während dieser Zeit außerkörperliche Erfahrungen hatten und sich selbst aus der Perspektive außerhalb ihres eigenen Körpers sahen.

Diese Erfahrungen sind oft von einem Gefühl der Freiheit und des Friedens begleitet und können tiefe spirituelle Einsichten und Veränderungen im Leben der betroffenen Personen auslösen.

Andere Forscher wiederum gehen davon aus, dass das Bewusstsein nach dem Tod in einen neuen Körper wiedergeboren wird. Es gibt viele Berichte von Personen, die sich an vergangene Leben erinnern und detaillierte Informationen über ihre vergangenen Erfahrungen und Leben geben können. Weltweit gibt es Fälle von Menschen, die identisch berichten. Die Medizin versucht noch heute dieses erklären zu können.

Manche sprechen von biochemischen Prozessen. Nur wenn wir genauer nachdenken, ist diese Antwort schon sehr unrealistisch. Es müsste also ein biochemischer Prozess vorhanden sein, der weltweit bei den Menschen ähnliche Wahrnehmungen hervorruft.

Unsere Überzeugung ist, wie bereits weiter oben gesagt, dass es nach dem irdischen Tod weitergeht. Wir spüren die bedingungslose und unendliche Liebe und das Licht, in das die Seelen nach ihrem Ableben eintreten. Und wir hören ihre Botschaften. Botschaften, die wir mit euch allen teilen möchten. Wir fühlen ihre Erleichterung und den Frieden, denn sie haben dieses irdische Leben überlebt. Ja,

SIE LEBEN WIEDER!

BOTSCHAFTEN DER GEISTIGEN WELT

WIR LEBEN

Ihr überdenkt alles positiv und negativ, was euch davon abhält zu wachsen.

Bist du auch ein Mensch, der alle Dinge mehrfach überdenkt? Oft denken wir Themen komplett kaputt, sodass wir selbst nicht vorwärtskommen.

Wir versuchen immer, mit euch allen in Kontakt zu treten. Wenn wir euch Zeichen geben, versteht ihr uns oft nicht, was wir aber verstehen.

Wahrscheinlich kennst du das, oder? Du wünschst dir so sehr Zeichen deiner Verstorbenen, aber irgendwie kannst du sie nicht erkennen. Wichtig ist, dass wir wissen, dass sie es immer weiter versuchen.

Die meisten nehmen diese Zeichen als Zufall auf, aber ihr müsst wissen, dass es keine Zufälle gibt.

Hast du schon einmal an einen Menschen gedacht und dieser hat dich kurz danach angerufen oder dir eine Nachricht geschickt? Glaubst du wirklich, dass dies ein Zufall sein könnte?

Da, wo wir uns aufhalten, gibt es keinen Raum, keine Zeit und keinen Zufall, alles ist Bestimmung und kommt tief aus der Liebe heraus.

Bestimmt fragst du dich, wie es in der geistigen Welt aussieht. Und für uns ist es schwer zu verstehen, dass es dort keine Welt wie die unsere gibt und alles vorbestimmt ist. Aber wie sonst könnten sie alles wissen und zur gleichen irdischen Zeit an unterschiedlichen Orten sein?

Viele von euch denken, dass wir durch den Tod nicht mehr da sind, aber nein, das ist nicht so.

Warum denkst du, dass danach alles vorbei sein sollte? Wir leben in einer Dualität. Wir beginnen mit der Geburt, dann folgt der Tod. Nach der Dualität kommt danach wieder der nächste Schritt.

Das Leben ist anders als viele glauben, denn Leben heißt nicht, einen Körper zu haben.

Hast du dir auch schon einmal vorgestellt, wie es wäre, ohne Körper weiterzuleben? Glaubst du, dass es möglich ist? Was bedeutet es für dich "am Leben" zu sein? Und am Ende werden wir feststellen, dass unser Leben auf der Erde mehr ist, als nur in einem Körper zu stecken.

Wir sind reine Energie und nicht mehr an einen Körper gebunden.

Von der wissenschaftlichen Seite her betrachtet geht Energie nicht verloren, sie verändert nur ihre Form. Dein Körper ist nur ein Transportmedium für deine Seele.

Euer Körper ist nur für das Leben auf der Erde wichtig und ein reines Transportmedium.

Unser Leben hier auf der Erde ist lediglich ein kleiner Ausflug auf unserer Reise. Und für diesen Ausflug benötigen wir einen Körper.

Ihr müsst nicht trauern um uns, wir sind bei euch, auch wenn ihr uns nicht sehen könnt. Wir sehen eure Tränen und wissen, wie es euch geht.

Die Verstorbenen sind immer bei uns. Sie wissen, wie es uns geht und auch, dass wir trauern. Sie geben uns ihre Zeichen, wann immer sie für uns wichtig sind. Ihre Liebe empfängst du den ganzen Tag.

Wir vergessen euch nicht, auch wenn wir nicht in der alten Form bei euch sind. Ihr seid tief in der Liebe mit uns vereint.

Wir alle sind eine Einheit und unsere Verstorbenen sind trotzdem bei uns. In einer anderen Form, aber sie geben uns viele Zeichen, um erkannt zu werden.

Das Böse ist nicht existent, es ist lediglich in euch drin, tief in euren Gedanken verankert.

Vor den Verstorbenen musst du keine Angst haben. Kriege, Gewalt und Hass gehen von den Menschen aus, und nicht von den Verstorbenen.

Wir können nicht böse auf euch sein oder euch etwas antun. Warum sollten wir auch?

In der geistigen Welt ist alles Licht und Liebe. Das Böse gibt es nur hier auf der Erde. Auch böse irdische Taten werden in der geistigen Welt nicht bestraft, so wie wir das hier kennen.

Eure Trauer ist für euch ein wichtiger Prozess für die Verarbeitung.

Wahrscheinlich kennst auch du die unterschiedlichen Stufen der Trauer, die du nach einem Verlust durchschreitest. Aber jede Stufe ist dafür da, um Emotionen zu verarbeiten und loszulassen. Vergessen werden wir trotzdem nie, aber wir lernen in unserem Trauerprozess, mit dem Verlust umzugehen.

Wir können eure Tränen energetisch spüren und sehr oft senden wir euch schöne Zeichen.

Du musst verstehen, dass unsere Verstorbenen immer wissen,
wie es uns geht und mit ihrer kompletten Liebe bei uns sind.
Wichtig ist, dass du lernst, ihre Zeichen zu verstehen.

Ihr könnt uns jeden Tag wahrnehmen.

Unsere Verstorbenen sind immer bei uns. Sie nehmen an unserem Leben teil und wenn wir achtsam genug sind und unsere Hellsinne trainieren, dann können wir sie auch wahrnehmen.

Warum seid ihr so weit in der Vergangenheit drin? Das, was geschehen ist, ist geschehen und das, was kommt, ist noch nicht eingetreten.

Oft schwelgen wir in unseren Erinnerungen oder denken an Dinge, die noch nicht eingetreten sind. Wir müssen beginnen, die alten Dinge ruhen zu lassen und im Hier und Jetzt zu leben.

Ihr könnt mit uns Kontakt aufnehmen, indem ihr es mit eurem Herzen macht und nicht mit dem Verstand.

Kennst du das? Du bist immer im Kopf. Deine Gedanken wuseln umher und dein Ego springt ständig dazwischen und überlegt, ob du alles so richtig machst. Die einzig richtige Methode ist, den Verstand, deine Gedanken und dein Ego auszuschalten und mit dem Herzen zu spüren.

Es geht uns sehr gut und wir haben nicht mehr den Schmerz, den ihr habt. Wir sind frei und mit allem eins.

Schmerz ist ein menschliches Thema, welches durch verschiedene Ursachen in uns ausgelöst wird. Ist es nicht schön für dich zu wissen, dass wir danach frei sind?

Wir verstehen, dass eure Trauer
sehr groß ist und ihr nicht
loslassen könnt. Der Grund ist,
dass ihr nicht versteht, was nach
dem Tod kommt.

Das ist der Grund, weshalb wir dieses Buch geschrieben haben.

Was liebt ihr eigentlich an einem Menschen? Den Körper oder die Seele, die im Körper ist?

Hast du dir darüber schon einmal Gedanken gemacht? Lieben
wir den Körper oder das, was in diesem drin steckt? Und
kommen wir nicht alle zu dem Ergebnis, dass wir das lieben,
was im Körper steckt?

Wenn ein Mensch stirbt, ist der
Körper noch da, aber ihr weint,
weil dieser Mensch gegangen ist.
Es ist nur die Seele aus dem
Körper ausgetreten, also das, was
den Menschen eigentlich
ausgemacht hat.

Es ist dieser eine kleine Schritt zur Seite, mit dem unsere
Liebsten aus der irdischen Welt in die geistige Welt wechseln.
Nicht mehr und nicht weniger.

Ihr braucht keine Schuld zu spüren, etwas falsch oder etwas nicht gemacht zu haben.

Hättest du den Verstorbenen gerne noch etwas gesagt? Vielleicht etwas, was dir wichtig gewesen wäre? Die Verstorbenen wissen, was du ihnen hättest sagen wollen. Sie können deine Gedanken lesen.

Wir haben euch längst alles vergeben. Das schlechte Gewissen ist nur in euren Köpfen.

Vielleicht kennst du das? Du überlegst, ob du alles richtig gemacht hast, ob du hättest etwas nicht sagen sollen, ob du gut genug gewesen bist. Unsere Verstorbenen möchten, dass wir die Schuldgefühle von unseren Schultern laden. Sie sind uns nicht böse, für nichts, was gewesen ist.

Bei uns funktioniert alles über die Energie der Gedanken. Wenn wir uns etwas vorstellen, dann manifestiert es sich in Bruchteilen von Sekunden.

In unserer Welt existieren Raum und Zeit, nicht aber in der geistigen Welt. Stell dir vor, dass du nicht mehr an eine Zeit oder einen Raum gebunden sein würdest.

Auch sind unsere Gedanken unser Fortbewegungsmittel, so dass wir blitzschnell an einem anderen Ort oder sogar an mehreren Orten gleichzeitig sein können.

Auch unsere Gedanken sind das mächtigste Werkzeug, was wir haben und wir sollten schauen, dass wir Gedanken denken, die gut für uns sind. Wir nutzen unser gesamtes Potential viel zu selten.

Wir haben alle einen Seelenplan.

Dein Leben verläuft so, wie es verlaufen soll. Es gibt gewisse
Säulen in deinem Leben, die du auf jeden Fall erreichen wirst.
Allerdings bleibt dir auch der freie Wille.

Wir urteilen nicht mehr. Zu urteilen ist menschlich. Im Licht, dort wo wir sind, gibt es nur noch Vergebung und Liebe.

Wie oft hast du dich schon dabei erwischt, dir über andere ein Urteil zu bilden, ohne diesen Menschen gekannt zu haben. Die geistige Welt ist voller Liebe, ohne zu beurteilen.

Wir haben keine menschlichen Bedürfnisse mehr. Aber die Erinnerungen daran bleiben. Also genießt alles.

Genieße also dein Leben mit allem drum und dran. Essen, Trinken, lebe deine Bedürfnisse aus. Versteck dich und deine Wünsche nicht, sondern erlebe sie.

Wir sind alle Eins und gleich. Es gibt keine verschiedenen Religionen oder kulturelle Unterschiede. Lernt daraus. Es gibt keine Unterschiede zwischen den Seelen.

Kennst du den Spruch "Alles ist eins"? Sicherlich hast du diesen schon gehört. Alles ist mit allem verbunden. Wir sind alle eine Einheit, egal, welcher Religion, Glaubensgemeinschaft oder Kultur wir angehören.

Wir werden euch nie vergessen und wir vergessen auch nicht, was wir erlebt haben. Wir erinnern uns an absolut jedes Detail.

Und sie erinnern sich sogar noch besser, als wir selbst. Unser Bewusstsein nimmt Dinge häufig selektiv wahr. Unsere Verstorbenen wissen aber alles.

Wir leben hier in vollkommener Harmonie. Tut euch damit auch nicht zu schwer.

Wir Menschen regen uns oft über Kleinigkeiten auf, über absolute Nichtigkeiten des Lebens. Wir meckern über banale Dinge und verschwenden so sehr viel Energie.

Ihr zerdenkt alles viel zu viel. Konzentriert euch lieber auf das Hier und Jetzt, auf den Moment und lebt ihn.

Die Vergangenheit ist gewesen und kann nicht mehr verändert werden. Die Zukunft ist noch nicht da. Das Einzige, was wir aktiv mitgestalten und genießen können, ist unsere Gegenwart und damit den Moment, der im nächsten Moment schon wieder zur Vergangenheit geworden ist.

Ihr seid nur eine ganz kurze Zeit in diesem Leben, also genießt es.

Die Zeit, in der du in diesem Körper auf der Erde bist, ist nur begrenzt.
Oft dümpeln wir nur dahin, vertreiben uns die Zeit mit Fernsehen, langweilen uns und wissen nichts mit uns anzufangen. Das Leben ist doch so wunderbar, lerne zu leben und Spaß zu haben. Mache die Dinge, die Spaß machen.

Regt euch nicht über Kleinigkeiten auf, die aus unserer Sicht so unwichtig sind.

Wir regen uns über
mmmmmmmmmmmmmmmmmmmmmmmmmmmmmmmmmmmmmmmmmmmmm
mmmmmmmmmmmmmmmmmmmmmmmmmmmmmmmmmmmmmmmmmmmmm
mmmmmmmmmmmmmmmmmmmmmmmmmmmmmmmmmmmmmmmmmmmmm
mmmmmmmmmmmmmmmmmmmmmmmmmmmmmmmmmmmmmmmmmmmmm
mmmmm (in diesem Moment ist gerade mein Kater auf die
Tastatur gesprungen…)

Wir unterstützen euch, wie und wo wir können, aber wir werden euch keine Entscheidung abnehmen. Die müsst ihr selbst treffen.

Du hast die Verantwortung über dein Leben, was du tust und was du lässt. Erwarte nicht, dass deine verstorbenen Liebsten dir sagen, was du zu tun hast. Du musst dein Leben für dich leben und deine Entscheidungen selbst treffen.

Hört auf zu kämpfen. Und nehmt die Dinge mit Dankbarkeit an.

Ist dein Leben ein einziger Kampf? Vielleicht siehst du es so
und damit erkennst du nur das Negative. Aber ohne das
Negative wärst du nicht zu dem Menschen geworden, der du
jetzt bist. Und da du die Dinge sowieso nicht verändern kannst,
nimm sie an. In Dankbarkeit, Verständnis und Liebe.

Schaut euch eure Themen an, damit eure Seele lernen kann.

Leider wissen die wenigsten Menschen, wer sie sind. Freunde und Bekannte kennen uns oft viel besser. Kennst du dich eigentlich? Weißt du eigentlich warum du so bist wie du bist?

Wir sind immer bei euch.

Unsere Verstorbenen sind immer bei uns. Sie begleiten uns in unserem Leben. Und sie bekommen alles mit.

Ihr müsst nicht auf den Friedhof gehen. Wir nehmen an eurem Leben teil und sind dort, wo ihr seid.

Viele glauben, dass die Verstorbenen auf dem Friedhof sind, dabei sind die Verstorbenen immer bei uns. Auf dem Friedhof ist nur der Körper begraben und dort ist der Standort, an der wir an diese Menschen denken.

Ihr sollt Gedanken denken, die gut für euch sind. Denn Gedanken sind euer mächtigstes Werkzeug.

Unsere Gedanken bestimmen unser Leben. Wir können mit unseren Gedanken unser Leben erschaffen, wenn wir lernen, sie zu managen.

Ihr habt häufig den Blick für das Wesentliche verloren.

So oft kommen wir von unserem Weg ab, wir werden abgelenkt von anderen Dingen. Wir sollten unsere Ziele und Werte im Auge behalten.

Hürden sind dazu da, um euch zu entwickeln.

Hindernisse und Hürden sind bei den meisten Menschen unbeliebt. Aber wir brauchen sie, um uns entwickeln zu können. Ohne sie würden wir stehen bleiben. Und stehen zu bleiben ist Rückschritt.

Ihr kommt noch früh genug zu uns.
Also macht was aus eurem Leben.
Für uns ist Zeit irrelevant und
daher ist es egal, ob ihr morgen
oder erst in 50 Jahren zu uns
kommt.

Wir haben verlernt, Spaß am Leben zu haben, das Leben zu lieben und zu genießen. Viele denken, dass unser Körper, so wie wir sind, unsterblich ist, was aber nicht stimmt. Wir sollten unser Leben, unsere uns verbleibende Zeit, nutzen, um etwas zu erschaffen und um uns zu verwirklichen.

Der Tod ist nur ein kleiner Schritt zur Seite. Nicht mehr und nicht weniger.

Das ist, was uns die Verstorbenen immer berichten, nämlich dass der Übergang von der diesseitigen Welt in die geistige Welt ganz leicht war. Dieser eine kleine Schritt.

Wir wurden abgeholt, von Seelen, die wir kennen, aber auch von Seelen, die uns bis dato unbekannt waren.

Viele Menschen, die eine Nahtoderfahrung hatten, berichteten genau von diesem oben genannten Fall. Wir werden erwartet oder sogar wieder zurückgeschickt, wenn unsere Zeit noch nicht die richtige ist.

Alle lieben Seelen, menschlich wie tierisch, warten auf euch.

Wir werden irgendwann alle unsere verstorbenen geliebten
Menschen und Tiere in der geistigen Welt wiedersehen.
Allerdings auch Seelen treffen, die uns bis dahin noch nicht
bekannt waren.

Wir kommunizieren gerne mit euch. Und wir nehmen an eurem Leben teil. Ihr stört uns niemals, wenn ihr uns ruft oder mit uns sprecht.

Es gibt keine bestimmte Zeit oder Raum, um mit den Verstorbenen zu sprechen. Sie hören uns gerne zu, wenn wir mit ihnen reden.

Wir haben definitiv Humor und wir lieben es zu lachen. Das solltet ihr auch viel mehr tun. Ihr seid zu ernst und zu streng mit euch und den Menschen um euch herum.

Wir sollten viel mehr lachen. Wie oft verfallen wir in Selbstmitleid und sind streng mit uns und allen Menschen um uns herum? Humor und die Dinge einfach mal etwas leichter zu nehmen, hilft uns dabei, gesund und glücklich sein zu können.

Wir lieben Euch und wir möchten, dass ihr glücklich seid!

Die geistige Welt ist voller Liebe und sie möchten auch, dass wir diese Liebe in uns haben. Der schönste Kontakt zur geistigen Welt wird über die Liebe aufgebaut.

Seid geduldig, mit euch sowie mit den anderen.

Bist du manchmal auch zu ungeduldig? Willst du alles möglichst schnell? "Herrgott, gib mir Geduld, aber bitte sofort!"? Kennst du das? Was würdest du verlieren, wenn du einfach mal ein wenig Gelassenheit in gewisse Situationen lässt?

Habt Vertrauen in euch und in uns.

Leider haben viele den Glauben an sich selbst verloren und trauen sich zu wenig zu. Glaub an dich, du kannst alles schaffen.

Jeder von euch ist einzigartig. Lernt, euch selbst zu lieben, denn das ist der erste Schritt zu allem.

Und wir dürfen alle lernen, unsere Einzigartigkeit zu genießen. Wenn wir uns selbst nicht lieben und genießen können, dann können wir das auch nicht mit den anderen tun.

Warum Ihr mit uns in Kontakt treten könnt? Weil wir an eurer Seite sind.

Ein offenes Herz und Liebe sind der Schlüssel. Die geistige Welt kommuniziert viel mit uns, aber viele Menschen verstehen ihre Botschaften oder den Kontaktweg nicht.

Uns geht es gut, macht euch bitte keine Sorgen.

Wir dürfen aufhören, uns darüber Gedanken zu machen, ob unsere Verstorbenen immer noch Schmerzen haben oder krank sind. Allen Verstorbenen geht es gut und sie sind gesund.

Wir wissen, dass es Vieles gibt, was ihr uns nicht mehr sagen konntet und wir sind nicht böse auf euch.

Auch wenn wir es vor dem Versterben nicht mehr geschafft haben, Dinge zu sagen oder auszusprechen, wenn wir nicht da waren, als unsere Liebsten gegangen sind, wenn wir immer wieder gemein waren oder nicht angemessen. Unsere Verstorbenen wissen es und haben uns längst verziehen.

Wir sind eins mit allem.

Alles ist in einem perfekten Verhältnis und alles ist mit dem anderen verbunden. Du bist auf energetischer Sicht nie alleine.

Wir haben selbst auch Fehler gemacht, und wissen, dass niemand fehlerfrei ist.

Unsere Verstorbenen haben auch schon gelebt und wissen,
dass wir Menschen nun mal Fehler machen.

Es freut uns zu wissen, dass ihr immer an uns denkt.

Deine Gedanken lassen die geistige Welt in der Liebe erstrahlen, in welcher sie ist.

Jeder Gedanke an uns, lässt die Liebe und die Energie stärker werden.

Je mehr wir uns mit unseren Verstorbenen und unserer Verbindung zu unseren Verstorbenen beschäftigen, desto mehr können wir sie auch spüren und wahrnehmen.

Ob wir einen Körper haben, fragt ihr?
Wir brauchen diesen nicht, da wir aus purer Energie bestehen.

Wir Menschen brauchen einen Körper, um auf der Erde agieren zu können. Unser Körper ist dabei allerdings nur das Transportmedium unserer Seele.

Ihr fragt euch, warum nicht jeder mit uns Kontakt aufbauen kann? Es kann jeder, nur nicht jeder macht es oder er glaubt, dass es nicht funktionieren kann.

Viele sind einfach auch zu sehr mit dem Verstand und dem Ego dabei und weniger mit dem Herzen. Es funktioniert aber nur über unser Herz und die Liebe.

Viele fragen, ob wir glücklich sind!
Warum sollten wir unglücklich
sein? Wir haben die irdischen
Themen und die menschlichen
Probleme nicht mehr, wir sind frei
von allem.

Warum machen wir selbst unser Leben so kompliziert?
Wir sollten anfangen, nicht alles so ernst zu nehmen und als so
schlimm anzusehen.

Wir sind alle eins.

Ja, wir sind eine Einheit, immer und überall. Und so wie wir uns im Diesseits getroffen haben, werden wir uns auch im Jenseits wiedersehen.

Gibt es die Hölle?
Die Hölle erschafft Ihr Menschen euch selbst.

Wir können ein Leben, das perfekt ist, als Hölle erleben, oder als Himmel auf Erden. Alles ist eine Ansichtssache.

Gibt es Gott?
Was würde euch die Antwort
bringen?
Es gibt eine universelle Kraft, mehr
sagen wir euch nicht.

Wir alle haben ohnehin unterschiedliche Ansichten.
Untereinander, aber auch in den unterschiedlichen Kulturen.
Unter dem Strich können wir sagen, dass wir alle an etwas
glauben, was auch immer es sein mag.

Gibt es Dämonen? Es gibt alles, was ihr möchtet, denn der Glaube kann viel erschaffen. Aber was bringt es euch?
Ihr erschafft das, was ihr glaubt, erschaffen zu wollen. Vieles spielt sich nur in euren Köpfen ab.

Unsere Gedanken sind es also, die unser Leben, unsere Hölle, unsere Dämonen erschaffen. Ebenso aber unser Umfeld, die Menschen an unserer Seite. All unsere Dämonen können nur wir mit unseren Gedanken verändern.

Wir freuen uns immer wenn ihr an uns denkt und sind in Liebe nah bei euch.

Wann hast du das letzte Mal eine Kerze für deine Verstorbenen angemacht? Sie freuen sich sehr über diese Geste.

Warum haben Menschen Angst zu akzeptieren, dass wir leben? Wir bestehen aus reiner Liebe, die niemandem etwas tun kann. Menschen sind geprägt von den schlechten Medien.

Viele Menschen glauben einfach nur an das Hier und Jetzt. Sie können nicht verstehen, dass es mehr gibt als das, was die meisten wahrnehmen.

Wie ihr euch das Jenseits vorstellen könnt? Materielle Dinge sind nicht wichtig hier bei uns. Das, was zählt, ist die Liebe als stärkste Kraft. Was bringt dir ein teures Auto, es ist nur ein materielles Gut.

Viele denken, dass das Materielle Glück und Freude bringt. Dieses Empfinden ist nur von kurzer Dauer und hält nicht lange an.
Liebe zu erhalten ist das Schönste, was man erhalten kann.

Wie ist es möglich, dass wir mit euch kommunizieren können? Indem ihr durch euer Herz spricht.

Liebe ist der universelle Schlüssel. Wenn du etwas mit dem Herzen machst, kommt es tief aus deiner Liebe.

Ihr fragt, ob wir bei
Nahtoderlebnissen bei euch sind?
Na klar, ihr setzt damit einen Fuß
in das Jenseits und ihr bekommt
die Angst und Schmerzen
entnommen. Wir sehen euch und
nehmen euch oft zu uns. Oder wir
müssen euch wieder
zurückschicken.

In einer lang angelegten Studie wurde herausgefunden, dass
wir Menschen, wenn wir noch nicht in die geistige Welt
übertreten sollen, zurückgeschickt werden.

Die einzige Verantwortung, die ihr übernehmen müsst, ist die für euch selbst.

Kein anderer Mensch kann dein Leben für dich leben. Das kannst nur du selbst. Du bist für dich verantwortlich, in allem, was du tust.

Dankbarkeit ist das höchste Gut.
Ihr könnt sie lernen und trainieren.
Aber dafür dürft Ihr erst lernen,
demütig zu sein.

Wir nehmen so viele Dinge als selbstverständlich hin und haben es verlernt, auch für die kleinen Dinge dankbar zu sein.

Ihr habt unendlich viel Liebe zu geben. Liebe kann Euch niemals ausgehen. Verschenkt Liebe, wo Ihr nur könnt.

Wann hast du das letzte Mal jemanden in den Arm genommen?
Wann hast du zuletzt jemandem gesagt, dass du ihn magst?
Wir sagen und machen solche Dinge viel zu selten.

Beim Eintritt in die geistige Welt haben wir alle eine Lebensrückschau. Wir haben gesehen und nochmals mehrfach intensiv gespürt, was wir Euch angetan haben.

Von dieser Rückschau berichten weltweit Menschen, die genau dieses in ihrem Nahtod erlebt haben.

Ihr verurteilt so schnell. Versucht doch erst einmal, die Personen zu verstehen, bevor ihr sie in eine Schublade steckt.

Lerne erst einen Menschen kennen, dann wirst du diese Person auch besser verstehen können. Wir lassen uns zu oft von Aussagen anderer, dem Auftreten von Menschen, ihrem Aussehen oder der Umgebung leiten und beeinflussen.

Ihr tragt nur eine Verantwortung und das ist die für euch selbst!

Oft funktionieren wir nur noch, leben für andere und vergessen uns total. Wir kümmern uns nicht um uns und haben den Kontakt zu uns selbst verlernt.

Auch wenn wir noch zu Lebzeiten an gewissen materiellen Dingen gehangen haben. Jetzt sind sie nicht mehr wichtig. Tut, was für euch gut und richtig ist.

In der geistigen Welt gibt es nur Licht und Liebe und das Materielle ist nicht wichtig. Daher ist es auch nicht wichtig, was wir mit dem Nachlass tun. Die Hauptsache dabei ist, dass es uns dabei gut geht.

Erst wenn ihr verstanden habt, dass es keinen Tod gibt, werdet ihr es verstehen.

Es geht darum, dass wir verstehen dürfen, dass unsere Seele unendlich ist.

Wir sind tief mit euch verbunden und in voller Liebe. Der Tod, wie ihr ihn nennt, ist ein weiterer Schritt in das Verstehen.

Denn spätestens mit dem irdischen Tod werden wir erkennen, warum wir hier gelebt haben und was unsere Erfahrungen und Herausforderungen für die Entwicklung unserer Seele bereitet haben.

Ihr nutzt nicht euer Potenzial. Ihr seid gefangen in euren Gedanken.

Häufig befinden wir uns in einer Gedankenspirale aus negativen Gedanken. Um einen negativen Gedanken mindestens zu neutralisieren, benötigen wir etwa 10 positive Gedanken. Denken wir also keine Gedanken, die gut für uns sind, können wir unser Potential nicht vollständig ausschöpfen.

Wir verstehen, wie schmerzhaft es für euch ist, einen Menschen zu verlieren.
Aber ihr habt ihn nicht verloren, da er nie weg ist. Ihr müsst verstehen, dass
wir noch immer da sind, nur halt in einer anderen Form.

Ja, unsere Seele lebt weiter und damit sind alle Verstorbenen immer bei uns. Wir sind eine Einheit. Unsere Seelen sind und bleiben miteinander verbunden.

Eure Körper sind sehr empfindlich, aber ihr behandelt diese so unbedacht.

Wir behandeln uns und unseren Körper, als würden wir glauben, dass dieser im Diesseits unsterblich sei. Und wir vergessen, dass alles, was wir denken, machen, essen, trinken, usw. sich direkt auf unseren Körper und unsere psychische und physische Gesundheit auswirkt.

Ihr möchtet immer so gerne wissen, wann eure Zeit gekommen ist. Aber warum möchtet ihr dieses Wissen? Genießt jeden Moment auf der Erde und hört einfach auf, in die Zukunft zu schauen, die noch nicht eingetreten ist.

Lebe einfach jeden Tag, als wäre es dein letzter. Denn letzten Endes weißt du es wirklich nicht, ob du gleich noch lebst.

Ihr glaubt, dass ein Tod eure Probleme lösen würde? Ihr löst sie nicht, da ihr nur vor ihnen flüchtet. Probleme sind für euch da, um sie zu verstehen und um an ihnen zu wachsen.

Das bedeutet, du sollst Verantwortung für dich und dein Leben übernehmen, denn wenn du deine Probleme mit dem Tod lösen möchtest, dann verschiebst du sie auf die nächste Inkarnation. Und dann werden vielleicht Babys oder Kinder sterben, weil sie noch etwas von dir zu erledigen haben.

Ihr wollt so gerne wissen, ob eure Tiere bei uns sind? Was sind Tiere denn? Lebewesen! Jedes Leben hat eine Energie, die sich nach dem Tod, wie ihr ihn nennt, in eine andere Form umwandelt. Wir sind alle hier!

Alle Seelen treffen sich in der geistigen Welt wieder. Wir werden uns also alle wiedersehen.

Warum habt ihr Angst vor uns? Wir sind reine Liebe und wollen euch nur zeigen, dass wir da sind. Wir versuchen, euch zu helfen, die besten Kommunikationsmethoden zu finden und zu nutzen.

Unsere Verstorbenen zeigen sich auf unterschiedliche Arten und Weisen bei uns, also beispielsweise auch über ein Lampenflackern oder indem ein Buch aus dem Regal fällt. Vielleicht erschreckt uns das, aber sie möchten sich doch einfach nur bemerkbar machen… und schließlich wünschen wir uns doch so sehr Zeichen!

Gibt es böse Seelen? Warum glaubt ihr, dass es so sein könnte? Weil Menschen euch das sagen, die niemals mit uns in Kontakt getreten sind.

Bei uns gibt es keine Dualität. Die Dualität gibt es nur bei euch, zwischen euch.

Viele fragen uns, ob böse Energien in Gegenständen sein können. Es sind nur Verbindungen auf energetischer Basis zu uns und unsere gespeicherten Energien. Ihr könnt diese auslesen wie eine Geschichte.

Energien haften also an allem. Und diese Energien können von feinfühligen, sensiblen Menschen ausgelesen werden. Unsere Verstorbenen aber würden sich niemals in irgendwelchen Gegenständen verstecken.

Wieso bekommen viele keinen Kontakt zu uns? Es liegt immer an eurem Zweifel, dem Verstand und eurem Glauben. Seid frei von all diesen Dingen.

Wir dürfen über unser Herz eine Verbindung zur geistigen Welt herstellen. Mit unserem Verstand und Ego klappt das nicht.

Dass wir immer bei euch sind, heißt nicht, dass wir das, was wir sehen bewerten.

Unsere Verstorbenen sind immer bei uns, im Bad, im Leben, im Schlafzimmer. Aber sie nehmen alles, was ist, eher mit Neutralität wahr.

Das Jenseits ist ein unbegrenzter Ort von absoluter Harmonie und einer Fülle von Liebe. Wir sind mit allem was ist verbunden.

Alles ist also mit allem verbunden. Alles ist Energie und alles Schwingung und Frequenz.

Warum interessiert es euch, wie wir aussehen? Ist Aussehen wichtig?
Innere Werte sind das wichtigste Gut. Ihr müsst aufhören zu differenzieren. Liebt mit dem Herzen und nicht mit den Augen.

Unsere Verstorbenen sind Seelen. Und Seelen haben nicht mehr das typisch menschliche oder tierische o.ä. Aussehen. In den Jenseitskontakten zeigen sie sich lediglich so, wie sie mal gewesen sind, um sich zu beweisen, dass sie es sind.

Hütet euch vor Menschen, die vorgeben, mit uns in Kontakt zu stehen.
Sie glauben es, aber sie sind es nicht.

Es gibt in diesem Bereich wirklich sehr viele, die dich genau das glauben lassen wollen. Ein echtes Medium benötigt vor einem Jenseitskontakt niemals irgendwelche Informationen! Nicht einmal deinen Namen, wenn du den Termin buchst. Achte darauf!

WIR LEBEN

Liebe Leserinnen und Leser,

wir möchten uns von Herzen bei euch bedanken, dass ihr uns auf unserer gemeinsamen Reise durch dieses Buch begleitet habt. Jede Botschaft ist ein Zeuge der Zeit und unserer Arbeit der letzten Jahre.

Wir hoffen, dass ihr auf diesen Seiten Inspiration, Freude und neue Erkenntnisse gefunden habt, die euch helfen werden, die geistige Welt mit anderen Augen zu sehen.

Ohne euch, und ohne die geistige Welt würde es unsere Worte und Gedanken nicht geben. Daher möchten wir euch von Herzen danken, dass ihr, genau wie wir, Interesse an den Aussagen der geistigen Welt habt. Wir hoffen, dass unsere Worte euch helfen werden, euer Leben in positiver Weise zu gestalten.

Wir möchten auch all den Verstorbenen danken, die uns auf dieser Reise unterstützt und begleitet haben. Wir glauben daran, dass wir alle Teil eines größeren Ganzen sind und dass wir in Zeiten der Not auf höhere Kräfte vertrauen können. Mögen wir alle in unserem Leben stets von Liebe, Frieden und Harmonie umgeben sein.

Wir verabschieden uns nun mit diesen letzten Zeilen in der Hoffnung, dass ihr weiterhin unseren Weg mit Offenheit und Leidenschaft gehen werdet. Mögt ihr stets das Licht der Wahrheit und der Liebe in eurem Herzen tragen.

Herzlichst,

Lena & Markus

Das Healsteps System - Der Liebestrick der Heilung

Es gibt viele Dinge, die wir im Leben schaffen können, wenn wir die Hoffnung nicht verlieren, unsere Seele stärken und bereit sind, anderen zu vergeben. Diese Eigenschaften geben uns die Kraft, Hindernisse zu überwinden und unsere Ziele zu erreichen.

Mit Healsteps werden wir dein Herz berühren. Du wirst in deiner Seele und am eigenen Körper eine unendliche Befreiung erleben und gleichzeitig die Verbundenheit spüren. Mit dir selbst, aber auch mit allen anderen und dem Großen und Ganzen. Mit dem Großen und Ganzen meinen wir das Universum und insbesondere die geistige Welt. Die geistige Welt ist unsere Heimat, dort wo unsere Seele herkommt. Wir sind zu 80% Seele und nur zu 20% Mensch. Daher ist gerade diese Verbindung in Kombination mit der Heilung von uns als Mensch von essentieller Bedeutung.

Mit Healsteps haben wir ein System entwickelt, um dein volles Potenzial zu entfalten. Wir nehmen dich zu 100% mit. Weiterhin nehmen wir dich aber auch mit ins Gefühl, denn ohne Gefühl geht nichts. Viele von uns haben verlernt zu fühlen, durch Traumatisierungen in der Kindheit, durch Erlebnisse, durch das pure Leben. Hier bei Healsteps geben wir dir das zurück, was du auf deinem Weg verloren hast.

Mehr erfährst du unter:
www.healsteps.de